KURT EISNER
(1867–1919)

JÜDISCHE MINIATUREN
Herausgegeben von Hermann Simon

Band 274 KURT EISNER

Alle „Jüdische Miniaturen“ sind auch im Abonnement beim Verlag erhältlich.

Die Deutsche Nationalbibliothek verzeichnet diese Publikation in der Deutschen Nationalbibliografie; detaillierte Daten sind im Internet über https://portal.dnb.de/ abrufbar.

Inh. Dr. Nora Pester
Haus des Buches, Gerichtsweg 28
04103 Leipzig
info@hentrichhentrich.de
http://www.hentrichhentrich.de

Lektorat: Malte Gerken
Gestaltung: Michaela Weber
Druck: Winterwork, Borsdorf

1. Auflage 2021

Printed in Germany
ISBN 978-3-95565-455-9

FRANK JACOB

KURT EISNER

EIN UNVOLLENDETES LEBEN

HENTRICH & HENTRICH

CENTRUM JUDAICUM

Umschlag vorn: Kurt Eisner, Postkarte nach einer Photographie von Robert Sennecke

Inhalt

Einleitung: Der Unvollendete

Kurt Eisners (1867–1919) Leben blieb in vielerlei Hinsicht unvollendet.[1] Seine Euphorie, die Welt zu einer besseren zu machen und einen bleibenden Eindruck zu hinterlassen, wurde von unterschiedlichen Faktoren begrenzt, unter anderem der Tatsache, dass Eisner selbst viele Ideen hatte, deren Umsetzung aber erfolglos blieb. 1896 hatte der junge Mann beispielsweise einen Kriminalroman mit dem Titel „Das schmutzige Tischtuch“ begonnen, über denselben kam er jedoch nicht hinaus.[2] Andere Projekte, wie etwa die Reihe „Weltweg des Geistes“, die Eisner 1917 geplant hatte[3], oder seine Dissertation zu Achim von Arnim (1781–1831) blieben aufgrund ganz unterschiedlich gearteter Hürden – etwa der Klassenschranken des wilhelminischen Universitätssystem sowie der oft prekären Arbeitssituation Eisners – unvollendet. Eisner war sicherlich keine „exzentrische Randfigur“[4] oder ein Träumer[5], und zudem mehr als ein Politiker und Sozialist[6], selbst wenn diese letztgenannten seiner vielen und durchaus interessanten Identitäten, etwa als Literat[7] und Dramatiker[8], in der historischen Auseinandersetzung mit dem ersten bayerischen Ministerpräsidenten dominiert haben mögen.[9] In der Zeit nach dem Ersten Weltkrieg wurde Eisner als „landfremder Jude“, als Agent des Bolschewismus, der Bayerns

und Deutschlands Untergang vorbereite, diffamiert[10] und am 21. Februar 1919 auf offener Straße von einem Attentäter erschossen.[11] Seine letzte Rede[12] konnte er nicht mehr halten, so dass seine politische Laufbahn ebenfalls unvollendet bleiben musste. So endete „ein Leben des Kampfes für die Freiheit“[13], wie es Felix Fechenbach, der Sekretär und Vertraute Eisners formulierte. Als Gesicht der Novemberrevolution, vor allem in Bayern, blieb sein Andenken eines, um das gerungen wurde.[14] Heinrich Mann beschrieb Eisner und sein Wirken ein Jahr nach dessen Ermordung wie folgt: „Kurt Eisner ging aus einer Zeit des Wahnsinns und des Verfalles mit ungebrochener Vernunft hervor. Er liebte die Menschen, traute ihnen die Kraft zur Wahrhaftigkeit zu und erwartete daher noch so viel von ihnen, daß er sich hütete, alles auf einmal zu verlangen. Er sah, wie furchtbar gerade dieses Volk von seinen alten Machthabern überanstrengt worden war im Blutdienst eines Staats- und Machtwahnes, dem Menschen nichts galten. Fortan sollte Schonung walten, Versöhnung, Brüderlichkeit. Die Revolution sei eine Gemeinschaft aller Freunde der Wahrheit, die der Weg des Menschen ist – und kein Krieg nach dem Kriege, kein Bürgerkrieg!“[15]
Kurt Eisner hatte nach einer „neuen Zeit“[16] gestrebt, da er annahm, so seine zweite Frau Else (geb. Belli), „daß diese sinnlos hintreibende Welt mit ihrer

grausamen Gesellschaftsordnung nach den Gesetzen der Vernunft einer Umgestaltung bedurfte“[17], doch auch dieser Wunsch sollte sich nicht erfüllen. Während der Weimarer Republik verblasste die Erinnerung an Eisner bereits, zumindest diejenige, die den ersten Ministerpräsidenten des Freistaates und die Errungenschaften der Revolution, d. h. vor allem die republikanisch-demokratische Ordnung, zu würdigen versuchte. Die von den Nationalsozialisten inszenierte Anklage der sogenannte Novemberverbrecher, zu denen auch Eisner gerechnet wurde, erfreute sich indessen zunehmenden Einflusses: „An bürgerlichen Stammtischen aber spuckt man aus, wenn der Name fällt; man hält seinen Träger für einen Schuft, einen gemeinen Kerl, einen Vaterlandsverräter.“[18] Die Erinnerung an Eisner war demnach ambivalent und, so kann man es bis heute konstatieren, blieb gespalten. Das mag mitunter damit zusammenhängen, dass der Politiker Eisner, als Pazifist ab 1917 der Unabhängigen Sozialdemokratischen Partei (USPD) zugehörig, keinem der beiden politischen Lager der deutschen Arbeiterbewegung, also SPD und KPD, klar zugerechnet werden kann. Den einen war er zu, den anderen zu wenig radikal mit Blick auf seine revolutionären Ambitionen. Deshalb verblasste das Andenken an Eisner zunehmend, gerade in einem Bundesland, in dem ein Andenken an einen linken Ministerpräsidenten, zudem als erstem des Freistaates, zu den politischen Traditionen der Nachkriegszeit im Gegensatz stand. Erst die Jubiläen 2017 bzw. 2018/19 haben auch in der bayerischen Landeshauptstadt zu einer späten Würdigung Eisners beigetragen.[19]

Die vorliegende Miniatur stellt einen Versuch dar, die vielschichtigen Identitäten Eisners, innerhalb des historischen Kontextes des Deutschen Kaiserreiches sowie der Novemberrevolution 1918, zu ergründen und einen konzisen Abriss des Lebens und Wirkens dieser mehr als interessanten Persönlichkeit des „langen" 19. Jahrhunderts zu liefern, der sich nicht allein dem politischen Wirken des ersten bayerischen Ministerpräsidenten, sondern in vielerlei Hinsicht vor allem dem Menschen Eisner widmen soll.

Kurt Eisner, Postkarte, 1919

Jugend, Studium und erste journalistische Arbeit

Eisner wurde am 14. Mai 1867 in Berlin geboren. Sein Vater Emanuel war, so die spätere Schilderung seiner zweiten Ehefrau Else, „der Musik zugeneigt, mußte aber Kaufmann werden."[20] Der Großvater Hermann Eisner war Landwirt in Böhmen gewesen, der Vater Eisners und sein Onkel Ignaz waren jedoch nach Berlin übergesiedelt und hatten dort eine Kaufmannslehre absolviert, um dann eine Militär-Effekten-Fabrik in Berlin und Danzig zu betreiben, die zunächst recht erfolgreich war.[21] Fechenbach kommentierte Eisners bürgerliche Herkunft aus der Retrospektive als „Ironie der Weltgeschichte", da „dieser leidenschaftliche Kämpfer gegen Junkertum und Militarismus, dieser glühende Hasser des Ewig-Preußischen im alten Untertanenstaat, geboren wurde".[22]
Im Zuge des Krieges zwischen Preußen und Österreich 1866 und des Gründerkrachs nach der deutschen Reichseinigung verloren die beiden Unternehmer Emanuel und Ignaz jedoch erheblich an Kapital, so dass „der vornehme Kaufmann Emanuel Eisner auf der Strecke [blieb] und [...] den Glanz seiner Firma – er war Hoflieferant von mehreren Majestäten [...] – an Neugründer ab[trat] und [...] damit seine Selbständigkeit ein[büßte]."[23] Dieser Verlust

belastete den jungen Kurt Eisner nicht minder, denn die weitere Laufbahn wurde durch die pekuniären Sorgen, die mit dem finanziellen Niedergang der Familie einhergingen, bestimmt.
Zu seiner Mutter Hedwig hatte Eisner in späteren Jahren ein relativ gutes Verhältnis, als 17-Jähriger schien er jedoch gerade mit Emanuel des Öfteren aneinandergeraten zu sein und versuchte, das Verhältnis zwischen Vater und Sohn in einem Brief vom 22. Juli 1885 zu reflektieren bzw. zu erklären: „Sieh Papa, ich glaube, daß der Grund zu all den hässlichen Szenen, die täglich zwischen uns stattfinden, darin zu suchen ist, daß Ihr mich nicht versteht. Glaubst Du denn wirklich, daß ich Dich und Mama nicht lieb habe? Wahrhaftig, ich habe Euch lieb, so, wie nur ein Sohn seine Eltern lieb haben kann. Ich habe Euch lieb, wenn ich es auch Euch nicht sage, wenn ich es Euch auch nicht zeige. Ich bin aufgeregt und nervös, und sage im Zorn oft mehr als gut ist. Aber mein Herz weiß von den bösen Worten nichts. Ihr redet immer davon, was ich für ein schlechter Sohn bin. Fürwahr, darin fühle ich mich unschuldig. Und weil ich mich unschuldig fühle, weil ich [im] Innern weiß, daß ich Eure Vorwürfe nicht verdiene, darum empört es mich und reizt es mich aufs Äußerste, daß Ihr immer und immer wieder auf das Ungerechteste scheltet. Ihr kennt mich eben nicht. Ich kann nicht zärtlich sein, ich kann auch

nicht loben, wie es Mama gerne möchte. Aber darum dürft Ihr doch nicht glauben, daß ich Euch minder liebe. Versucht Ihr es aber einmal, mir liebevoll zu begegnen, so werdet Ihr bald sehen, daß ich gar nicht so ungefügig bin, wie es den Anschein hat."[24]

Ungeachtet der letzten Aussage, sollte Eisner jedoch nicht nur mit seinen Eltern in Konflikt geraten, sondern gleichermaßen mit seinen Lehrern, etwa am Askanischen Gymnasium[25], „das die Beamten- und Offizierssöhne Berlins erzog."[26] Else Eisner kommentierte die frühe Schulzeit ihres Mannes später wie folgt: „Der junge Eisner gab sich dort schon allerhand abweichenden Grübeleien hin, die dem Lehrkörper äußerst unangenehm waren."[27] Eine Bemerkung des Abschlusszeugnisses gab, basierend auf diesem Gefühl von Seiten der Lehrerschaft, einen ernüchternden Ausblick: „Die unterzeichnete Prüfungskommission [...] entlässt ihn [Kurt Eisner, F. J.] mit den besten Wünschen für seine Zukunft und mit der wohlgemeinten Warnung vor Überschätzung seiner Kräfte."[28]

Seine Zensuren am Gymnasium – laut des Halbjahreszeugnisses 1885[29]: Deutsch (gut), Latein (genügend), Griechisch (Lektüre zum Teil gut, Grammatik noch nicht genügend), Französisch (genügend), Englisch (genügend), Geschichte (genügend), Geographie (genügend), Mathematik (genügend), Naturkunde (mittelmäßig) – waren tatsächlich eher mittelmäßig. Trotzdem schrieb sich Eisner 1886 für ein Studium der Geschichte und Germanistik an der Königlichen Friedrich-Wilhelms-Universität Berlin ein. Gefördert wurde er dabei zum Teil vom Hilfs-Verein für jüdische Studierende[30] und besuchte unter anderem bei Heinrich von Treitschke eine Vorlesung zur „Geschichte der politischen Theorien von Platon bis zur Gegenwart".[31] Eisners Meinung von Treitschke war dabei alles andere als gut, was nicht allein mit dessen antisemitischer Haltung zusammenhing.[32] Der preußische Historiker und Publizist wusste sich in Szene zu setzen und habe, so Eisner in einer seiner Aufzeichnungen, wohl „[m]it 12 Jahren [...] zum ersten Mal [...] in einer Volksversammlung gesprochen."[33] Als Professor in Berlin war er für den jungen Studenten „der Mann, dessen Wort wirklich den größten Einfluß auf die Gemüter der Konservativen [...] gegenwärtig ausübt"[34] und, so Eisner weiter, „gilt als der erste Historiker der Gegenwart, obwohl es für ihn eigentlich gar keine Geschichte giebt. Denn für ihn ist die Geschichte lediglich eine große Rumpelkammer, aus der er die Waffen entnimmt". Für Eisner „[offenbaren sich d]ie Widersprüche in Treitschkes Persönlichkeit [...] selbst in Äußerlichkeiten."[35]

Es überrascht nicht, dass Eisner aufgrund solcher Erfahrungen zu dem Schluss kommt, dass die Universitäten lediglich „Stätten der Reaktion“ seien.[36] Eisner, so die Einschätzung Elses später, „fühlte sich abgestoßen von dem Treiben seiner Kommilitonen, die studierten, um außer ihrer wissenschaftlichen Selbstbefriedigung, Amt, Ansehen und Auskommen in der bürgerlichen Gesellschaft zu erlangen“.[37] Seine Ablehnung des Universitätssystems des wilhelminischen Kaiserreiches sollte jedoch noch zunehmen, als der junge Mann, der nach dem Studium bereits einige Jahre journalistische Arbeitserfahrung in Frankfurt und Marburg – etwa bei der *Frankfurter Zeitung* bzw. später der *Hessischen Landeszeitung* – gesammelt hatte, noch einmal versuchte, eine akademische Laufbahn einzuschlagen. Er entschloss sich bei Hermann Cohen (1842–1918)[38], „[d]em einzigen Mann, der geistige Macht über [Eisner] gewann“[39] über Achim von Arnim zu promovieren. Cohen, „der die edlen und heroischen Traditionen deutschen Geisteswesens unter seinen Hörern wieder erweckte und eine Schar Gleichgesinnter zu einer Gemeinschaft verband“[40], hatte Eisner mit den Ideen eines Neukantianismus[41] in Kontakt gebracht, die sich zeitlebens auf die politischen Ansichten des Jüngeren auswirken sollten. Die Marburger Zeit war sicherlich prägend für die weitere Laufbahn Eisners, der sich dort „in ein Studium der Philosophie und Volkswirtschaft, das ihn aufzehrte und in eine gegen jede menschliche Gewohnheit

Der junge Kurt Eisner, um 1890

verstoßende Gleichgültigkeit und Nachlässigkeit für die Außenwelt, darunter die familiär-wirtschaftliche, versetzte. Er geriet wieder in ein maßloses Studium und fand endgültig die Verbindung zu dem wissenschaftlichen Sozialismus, der sich ihm in strenger wissenschaftlicher Kritik und in schöpferischer Belebung der philosophischen Grundideen zu einer Einheit des ethischen Sozialismus verschmolz."[42]

Eisner hatte sich tatsächlich für eine akademische Laufbahn entschieden, musste diese aber aufgrund der finanziellen Notwendigkeiten, zumal er inzwischen geheiratet und zwei Kinder hatte[43], aufgeben, wobei dieser Rückschlag nicht nur sein Verhältnis zu den klassistischen Bildungsinstitutionen des Kaiserreichs bestimmte[44], sondern seinen Wunsch nach grundlegenden Veränderungen der bestehenden Ordnung intensiver werden ließ. Seine journalistische Arbeit, die auch aus der „Provinz" heraus schon wahrgenommen worden war[45], zielte in den folgenden Jahren denn auch darauf, die Gesellschaft aufzuklären und über die Schwächen und Unzulänglichkeiten des politisch-sozialen Systems zu informieren.

Vom Gefängnis zum Vorwärts

Seit Herbst 1893 war Eisner als Redakteur im Ressort Politik des *General-Anzeigers für Marburg und Oberhessen* (ab Juni 1894 *Hessische Landeszeitung*) tätig und konnte dadurch das Auskommen für seine Familie bestreiten, auch wenn er aufgrund der finanziellen Situation nicht dazu in der Lage war, eine akademische Karriere in Angriff zu nehmen. Somit widmete er seine Energie vor allem den journalistischen Arbeiten, die er ab Juli 1896 auch für *Die Kritik*, ein wöchentlich erscheinendes Periodikum in Berlin, anfertigte. Seine „Provinzialbriefe" machten Eisner bald überregional bekannt. In diesen, ebenso wie in seinen Artikeln für die *Hessische Landeszeitung* „behandelte er, formal und inhaltlich unterschiedlich strukturiert, Fragen des politischen, des wirtschaftlichen, des gesellschaftlichen und kulturellen Lebens sowie die Außenpolitik."[46] Es war schließlich eine Kritik am Kaiser[47], wegen der Eisner 1897 aufgrund von Majestätsbeleidigung zu neun Monaten Haft verurteilt wurde.[48] Der Verlag hatte seinen Mitarbeiter nicht geschützt und der Prozess brachte Eisner in Geldnot, weshalb sein Anwalt ihm empfahl, sich an den Vater zu wenden.[49] Eisner wurde aufgrund einer Fabel angeklagt, die, so der Vorwurf, den Kaiser öffentlich diffamiert habe, dabei hatte der Artikel zuallererst „einen idealistisch gesinnten, von praktischem Tatendrang beseelten Staatsmann“ dargestellt, eine Figur also, die, so Freya Eisners Einschätzung, „zum Teil wie eine Vision seiner späteren Ministerpräsidentschaft anmutet.“[50] Offensichtlich genügte das jedoch bereits, ihn wegen Lèse-majesté zu belangen und seine Verurteilung zu erwirken, denn „[d]er Gerichtshof war der Ansicht, daß der betreffende Artikel den Zweck hatte, den Kaiser in der öffentlichen Meinung herabzusetzen“.[51] Während Eisner zu neun Monaten Gefängnis verurteilt worden war, wurden gegen den Herausgeber Dr. Wrede sechs Monate Festungshaft verhängt.

Eisner blieb keine andere Wahl, als die Haft anzutreten, allerdings wollte er diese in Berlin verbüßen: „Aufgefordert binnen acht Tagen mich zu Verbü[ß]ung der gegen mich wegen Majestätsbeleidigung durch die Presse erkannten Gefängnisstrafe zu neun Monaten in der Strafanstalt zu Wehrheimen zu stellen richte ich an die kgl. Staatsanwaltschaft das ergebenste Ersuchen, meine Strafe in Plötzensee bei Berlin verbü[ß]en zu dürfen, da ich in Berlin über Familien- und sonstige Beziehungen verfüge. Gleichzeitig bitte ich um einen Haftaufschub von acht Tagen. Ich bin krank gewesen und möchte wenigstens noch einige Tage der Erholung widmen, um die nötige Widerstandsfähigkeit für die kommenden neun Monate wenigstens in etwas zu gewinnen.“[52]

Seine Erlebnisse in Plötzensee verarbeitete Eisner in späteren Jahren auf vielerlei Art in seinen journalistischen und literarischen Werken.[53] Mit Blick auf seine kritische Haltung gegen das bestehende System wurde Eisner durch seinen Aufenthalt jedoch noch bestärkt: „[E]ines hat diese Zeit tiefster Einsamkeit gehabt: ich bin mit mir selbst ins Klare gekommen, bin in jenem köstlichen, wenn vielleicht auch gefährlichen Zustande, wo sich das Skeptische ‚ich kann auch anders' in das sichere, bewusste, unbeugsame ‚ich kann nicht anders' umwandelt."[54] Das soll jedoch nicht darüber hinwegtäuschen, dass Eisner zuweilen stark unter den Haftbedingungen gelitten hatte, wie die folgende Passage aus der Darstellung „Wie ich in Plötzensee verdurstete ... Erinnerungen aus meiner Strafvollzugszeit" (1897) belegt: „Der Strafvollzug gehört zu den Dingen, die man nicht beobachten kann, man muß ihn erlebt haben. Die gewaltige psychische Umbildung, die jedes Opfer länger andauernden Strafvollzuges in typisch gleichartiger Weise erlebt, kann niemand und wäre er der schärfste und eindrucksfähigste Beobachter, von außen wahrnehmen."[55] Eisner hatte offensichtlich physisch als auch psychisch besonders unter dem Wassermangel in der Haft gelitten: „Mein Durst war nicht mehr zu ertragen. Eine Erfinderidee gaukelte mir für einige Zeit Hoffnung und Erquickung vor. Ich nahm aus meinen

Manuskripten ein Löschblatt und versuchte, das trübe Wasser zu filtrieren. In der Dunkelheit war das Geschäft schwierig. Tropfen für Tropfen rann durch das dicke mit Tinte befleckte Löschpapier, und als ich den Ertrag der Arbeit nachher genießen wollte, stellte sich heraus, daß das Wasser nach wie vor unbrauchbar war. Ich versuchte mit einer nochmaligen Filtration das Übel zu beheben, aber alles war umsonst. Ich habe wohl die halbe Nacht mit den Versuchen zugebracht, dann gab ich die Bemühungen auf und ‚strafvollzog' den Rest wachend und verschmachtend. Es war wohl die qualvollste Nacht meines Lebens.“[56]

Nachdem er neun Monate Haft überstanden hatte und entlassen worden war, schien es Eisner so, als wäre ihm „das Gefühl des Ekels völlig abhanden gekommen.“[57]

Zurück aus der Haft hatte Eisner nun allerdings wieder für Einnahmen zu sorgen. Zwar hatte er einige „fertige Arbeiten“, aber leben konnte er davon allein nicht, was ihm schwer zusetzte: „Ich hoffe manchmal mir mit einem oder dem andern [Werk] den Weg ins ganz Freie zu bahnen: Ich *kann* Einiges, das weiß ich wohl. Aber ich weiß noch besser, daß ich *alles* ertragen kann, nur Eines nicht: die *gemeine* Sorge, die uns zu Kriechern und Lumpen macht.“[58] Die prekäre Arbeitslage und die Gewissheit, trotz steten Schreibens nicht in der Lage zu sein, ein gesichertes Auskommen für sich und seine Familie zu erzielen, ließen Eisner verzweifeln: „Seit meiner Knabenzeit werde ich unablässig von dem Zukunftsbild gequält, daß ich einmal wegen 50 fehlenden Mark sittlich verbotenen Verkehr mit Sprengstoffen pflegen würde. Mal wird das Bild blasser, mal greller – los bin ich es bis zur Stunde niemals geworden."[59]

Es dürfte umso befreiender gewesen sein, als Wilhelm Liebknecht (1826–1900) ihn zum Redakteur des *Vorwärts* nach Berlin bestellte. Hier konnte Eisner einige Jahre erfolgreich wirken und besonders seine „Sonntagsplaudereien", die im *Unterhaltungsblatt des Vorwärts* unter dem Pseudonym „Joc" erschienen, belegen Eisners Talent als kritischer Gesellschaftsanalytiker und Feuilletonist. 1899 schrieb er über Redakteure und Journalisten: „Ein rechter Zeitungsschreiber spricht nicht gern von der Kunst. Gewohnt, immer nur für andere zu kämpfen, namenlos seine Kraft in das unfüllbare Glied der Zeit hineinzugießen, jeden Tag die scheinbar ins Nichts zerronnene Arbeit aufs neue von Anbeginn an aufzunehmen, vergißt und verliert er sich schließlich selbst. Er wird zum reinen Objekt, sein Denken und Fühlen siedelt aus seiner Körperlichkeit in seine Zeitung über, er ist nichts Selbständiges mehr sondern nur noch ein Werkzeug seines Schaffens."[60] Etwas später lieferte der *Vorwärts*-Redakteur Eisner dann eine

Satire der „sozialdemokratischen Soldschreiber", die belegt, dass er auch seine eigene Zunft durchaus kritisch betrachtete: „Der größte Krebsschaden unserer Verhältnisse ist die unbehinderte Zügellosigkeit der sozialdemokratischen Presse. Man braucht sich nur zu überlegen, was die Elemente sind, die diese Presse beherrschen und aus welchen Motiven sie ihr Gewerbe treiben, um einzusehen, daß unbedingt gegen diesen gemeingefährlichen Unfug eingeschritten werden muß. Eine anonyme Gesellschaft ohne Talent und Meinung, dafür mit zweifelhafter Vergangenheit, ehemalige Arbeiter, die zu anständigen und gebildeten Gesellschaften kein Unterkommen finden konnten – das sind die Leute, die gegen glänzende Bezahlung Tag für Tag aus den sozialdemokratischen Redaktionen ihr Gift unter die betörten Massen spritzen, die blind genug sind, mit ihren sauer verdienten Groschen jenen nichtsnutzigen Abhub der Menschheit zu mästen."[61]
Eisner war durchaus erfolgreich, was seine Arbeit für den *Vorwärts* betrifft, allerdings sollte auf Betreiben des Parteivorstands die Zusammensetzung der Redaktion später geändert werden, wodurch der sogenannte *Vorwärts*-Streit entstand.[62] Else Eisner beschrieb diesen später als ein Komplott, das indirekt gegen Eisner geführt wurde: „Der ‚Vorwärts'-Konflikt war entstanden, weil radikale Hintermänner den

Parteivorstand dazu bewegten, einige ‚Vorwärts'-Redakteure zu entfernen, um dadurch eine radikale Mehrheit des Redaktionsstabes zu erlangen, dadurch das Zentralorgan einseitig zur Tribüne der radikalen Genossen zu machen und die Stimmung der Berliner Arbeiter für ihre besonderen Bestrebungen zu gewinnen. Der Schlag war insgeheim gegen Eisner als unabhängigen Kopf gerichtet, dessen Prinzipienfestigkeit und Dialektik nicht leicht zu ergründen war. Daher kehrte man ihn [den Schlag, F. J.] zunächst gegen zwei Redakteure, die für die Redaktionsleitung nicht verantwortlich waren und deren Entfernung weniger Aufsehen erregen würde."[63] Eisner trat schließlich im Zuge des Konfliktes, der in gewisser Weise eine Fortsetzung des Revisionismusstreits zwischen Bernstein und Luxemburg auf der Ebene der Parteipresse darstellte, zusammen mit den anderen Redakteuren zurück.[64] Wieder einmal hatte sich Eisner für seine Prinzipien entschieden und sich damit erneut gegen die „herrschenden Eliten", dieses Mal gegen diejenigen innerhalb der eigenen Partei, positioniert. Er musste sich folglich abermals neu orientieren und versuchte bald, einer unabhängigeren Form der Arbeit nachzugehen.

Fränkische Tagespost und Arbeiter-Feuilleton

Die nächste Station in Eisners Wirken, war, abgesehen von eigenständigen Publikationen, die bereits auf die Gefahr des Imperialismus und Militarismus verwiesen[65], ein Posten bei der *Fränkischen Tagespost*[66] in Nürnberg. Zu diesem Zeitpunkt galt Eisner bereits als „brillanter Journalist", dem es, ungeachtet des *Vorwärts*-Streits gelungen war „aus dem bis dahin mehr als trockenen Parteiblatt, dessen politischer Teil meist aus Resolutionen oder der Wiedergabe zum Teil höchst langweiliger Reden bestanden hatte, eine literarisch bedeutsame Zeitung zu machen".[67] In der Partei war Eisner nach dem Ausscheiden aus der Redaktion des *Vorwärts* jedoch bereits isoliert worden, galt vielen seiner Genossen als Revisionist und wurde zumeist eher als Literat denn als Politiker wahrgenommen.[68] Dessen ungeachtet erhielt er die besagte Anstellung in Nürnberg, wo er versuchte, seine Bildungsarbeit fortzusetzen. Als die Konflikte dort allerdings ebenfalls zunahmen, unter anderem weil Eisner, der sich inzwischen von seiner ersten Frau Elisabeth getrennt hatte, dafür kritisiert wurde, in „wilder Ehe" mit Else Belli zu leben[69], machte dieser sich zunehmend Gedanken um eine alternative Form der Arbeit, die ihm ein Einkommen sichern sollte, von dem er seine Familie in Berlin sowie sich selbst und

Else versorgen konnte – nach eigenen Berechnungen immerhin 8 400 Mark.[70]

Eisner strebte es an, „unabhängig zu arbeiten, und wollte mit seinem ‚Arbeiter-Feuilleton' eine Basis zur Ausbildung des Proletariats schaffen, die ihm gleichzeitig politische und finanzielle Freiheit sichern würde. Schließlich war Eisner trotz aller Probleme und Auseinandersetzungen ein ausgezeichneter und geschätzter Feuilletonist."[71] Eisner, so Bernhard Grau, „beschritt einen für ihn neuartigen Weg, indem er danach trachtete, sich erstmals eigene Publikationsforen zu schaffen"[72], wobei der Zeitpunkt nicht völlig frei gewählt war, sondern von den zunehmenden Reibungen zwischen ihm und seinen Kollegen bei der *Fränkischen Tagespost* bestimmt wurde.

1909 kam es zum Konflikt in der Redaktion, da die Zeitung ein Defizit von 15 000 Mark verzeichnete, obwohl die Bilanz des Vorjahres noch einen Gewinn von 37 000 Mark ausgewiesen hatte.[73] Eisner ging dadurch die Zeit aus, sein *Arbeiter-Feuilleton*, das ihm finanzielle Sicherheit gewährleisten sollte, vorzubereiten. An Else Belli schrieb er am 23. September 1909: „Ich glaube nun doch nicht, dass die Sache hier noch lange dauern wird. Man war zwar gestern sehr liebenswürdig zu mir [...]. Ich habe kontraktlich das Recht, dass ohne meine Zustimmung niemand entlassen werden kann und niemand angestellt. [...] Nun will die Klique eine ihrer Kreaturen hineinbringen (man trifft die Vorbereitungen hinter meinem Rücken!) und da hört für mich die Gemütlichkeit auf. Das dulde ich nicht, dass man mir einen der Krakekler [sic] in die Redaction hineinsetzt. Dann haben sie einen Kontraktbruch begangen und der Konflikt muss entweder durch meinen Sieg oder durch meinen Weggang entschieden werden. Ist das Letztere der Fall, dann beginnt für uns beide das Glück und ein schwerer, vielleicht verzweifelter Kampf ums Dasein."[74]

Eigentlich hatte Eisner geplant, das neue Projekt parallel zu seiner Anstellung in Nürnberg zu beginnen[75], um vorzufühlen, wieweit er damit in der Lage wäre, Einnahmen zu generieren und dadurch für ein stabiles Einkommen zu sorgen.[76] Er hoffte innerhalb eines Vierteljahres genug zu verdienen, um sich und Else die „Unabhängigkeit von allen"[77] sichern zu können. Zunächst nutzte er noch die Ressourcen der *Fränkischen Tagespost*, um die Probenummer des *Arbeiter-Feuilletons* vorzubereiten, die am 17. Dezember 1909 fertiggestellt werden konnte[78] und die zeigen sollte, ob Eisners Idee auch ökonomisch erfolgreich sein konnte. Eisner, der „zumindest als Feuilletonist einen untadeligen Ruf" und „innerhalb der Partei presse im Grunde eine der Kapazitäten schlechthin"[79] war, hatte den Plan, mit seinem *Arbeiter-Feuilleton* eine

Auswahl an Artikeln an alle parteinahen Zeitungen zu schicken, die diese dann einzeln oder im Komplettpaket für ihre eigenen Ausgaben erwerben konnte. Er hatte also die Idee, vor allem die sozialdemokratische Presse mit feuilletonistischen Inhalten zu versorgen und dadurch Einnahmen zu generieren, die den Autorinnen und Autoren sowie Else und ihm, als federführende Herausgeberin und Herausgeber, zu Gute kämen. Schließlich wurde er für die Nutzung der Ressourcen, etwa die Heranziehung einer Mitarbeiterin der *Tagespost* für sein *Arbeiter-Feuilleton*, getadelt, so dass Eisner im Januar 1910 kündigte.[80] Im Juli 1910 informierte er die bis dahin akquirierten Abonnentinnen und Abonnenten: „Mit meinem Ausscheiden aus der Redaktion und meiner Übersiedelung nach München werde ich es mir angelegen sein lassen, das Arbeiter-Feuilleton ständig auszubauen. Es ist mein Ziel, nicht nur de[m] unterhaltenden Teil der Parteipresse ein mehr sozialistisches Gepräge und größere Unabhängigkeit von der bürgerlichen Produktion zu ermöglichen, sondern für alle Teile des Blattes ein Material zu geben, das nach Form und Inhalt ein über die unmittelbare Tagespolitik hinausgehendes Interesse bietet."[81]

In den folgenden Jahren widmete sich Eisner also ganz der Arbeit an seinem neuen Projekt, welches eine Vielzahl unterschiedlicher Themen behandelt, die vor allem als gesellschafts- und kulturkritische Interventionen zu verstehen sind.[82] Mit derlei Beiträgen wollte Eisner „einen gewissen Kultursozialismus [...] betreiben, der dazu dienen sollte, die Arbeiterschaft mit kulturell orientierten Texten zu versorgen, die dessen ungeachtet allerdings gleichzeitig dafür sorgen würden, sozialistische Botschaften möglichst weit zu verbreiten."[83] Die einzelnen Artikel des *Arbeiter-Feuilletons* behandelten dabei ebenso das politische Zeitgeschehen des späten Kaiserreichs[84] wie gesellschaftliche Konflikte, mit denen sich die Autorinnen und Autoren in verschiedenen Textformen auseinandersetzten. Darüber hinaus war eine pazifistische Imperialismus- und Kriegskritik[85] von Anfang an essentieller Teil des *Arbeiter-Feuilletons*.[86] Finanziell schien das Projekt zwar einiges abzuwerfen, aber es gelang Eisner nicht, ausreichend Bestellungen für Texte seines *Arbeiter-Feuilletons* einzuholen, zumal gerade in der Parteipresse der SPD ein „wilder Abdruck" nicht unüblich war, wobei der nun selbständige Journalist auch über säumige Zahlungen klagte.[87] Ungeachtet aller Schwierigkeiten setzte Eisner das Projekt bis 1917 fort, selbst wenn der Erste Weltkrieg seine journalistische Arbeit wesentlich erschweren sollte.

Krieg, Imperialismuskritik und erneute Haft

Der Erste Weltkrieg wurde zur entscheidenden Zäsur in Eisners Leben, denn dieser sollte nicht nur in der Revolution und mit dem Ende der Monarchie in Bayern und Deutschland enden, sondern zu einem grundsätzlichen Konflikt innerhalb der deutschen Sozialdemokratie führen. Wie viele andere hatte Eisner zu Beginn des Krieges noch einen russischen Angriffskrieg vermutet und das Zarenreich als Kriegstreiber verurteilt[88], revidierte diese Meinung aber bald darauf und wurde zu einem der Kritikerinnen und Kritiker des Krieges, als eines Ausdrucks des deutsch-preußischen Imperialismus und Militarismus. In der SPD war Eisner zusehends isoliert, was nicht nur politische Folgen, sondern ganz konkret den Verlust von Einnahmen bedeutete, denn viele Parteizeitungen waren nun nicht mehr bereit, Artikel aus dem *Arbeiter-Feuilleton* Eisners abzudrucken, zumal diese, wenn nicht zuvor von der Zensur beanstandet, den internen Parteistreit um die Position zum Krieg weiter angefacht hätten. Der Chefredakteur der *Chemnitzer Volksstimme*, Ernst Heilmann (1881–1940), erteilte Eisner beispielsweise eine Absage, weil „sich die Zensur, [...] sogar Berlin direkt, auch prompt gerührt und sich lebhaft beklagt [hatte]. Ihr Artikel hätte an sich, besonders aber unter diesen Verhältnissen zweifellos das Verbot des Blattes zur Folge."[89] Dabei hatte Heilmann zuvor in der *Chemnitzer Volksstimme* darüber informiert, „daß die politische Zensur bei uns tatsächlich fast nur noch dekorativ gehandhabt wird und daß sie einen halbwegs geschickten Journalisten heutzutage an nichts mehr hindert".[90] Eisner ging deshalb von einer persönlichen Spitze Heilmanns gegen seine Arbeit als Grund für die Absage aus und kommentierte diese empört in einem Brief vom 22. Januar 1917: „Sie haben mich also, wenn Sie nicht mit Ihrer jetzigen Bemerkung über die dekorative Zensur die Leser angeulkt haben, entweder getäuscht [...]; oder Sie wünschten wenigstens die Berliner Behörde darüber aufzuklären, daß der kritische Schwachsinn in Deutschland einige Ausnahmen habe und überreichten ihr deshalb mein Manuskript. Mir ist natürlich auch diese beschränkte Publizität lieber als gar keine, aber es ist nicht mein Ehrgeiz, bloß die Zensur aufzuklären."[91]

Eisner, der nun des Öfteren auf die finanzielle Unterstützung von Elses Vater, Joseph Belli, angewiesen war, bereitete beides gleichermaßen Sorgen.[92] Politisch positionierte er sich nun als Teil des pazifistischen linken Flügels der SPD[93], der sich 1917 abspaltete und als Unabhängige Sozialdemokratische Partei (USPD) fortan den Krieg und die Haltung der Mehrheit innerhalb der SPD scharf kritisierte.[94]

In München repräsentierte Eisner die USPD und widmete sich vor allem der Jugendarbeit, da deren Schicksal besonders unter den kapitalistisch-imperialistischen Verfehlungen des deutschen Kaiserreichs zu leiden schien.[95] Ebenfalls bis 1917 setzte Eisner seine Bemühungen fort, darüber aufzuklären, was der Krieg für die Menschen in Deutschland bedeutete.[96] Dabei richtete sich seine Kritik vor allem auch gegen den Kapitalismus, wie beispielsweise im Dezember 1915 in seinem Beitrag „Zusammenbruch! Ein Jahrwendgespräch“[97], in dem er einen Dialog zwischen einem Realisten und einem Phantasten darstellt:

„*Der Realist.* Endlich, mein Lieber, wenn Du das Ergebnis auch dieses zweiten Kriegsjahres auf dem letzten Blatt Deines Abreißkalenders vermerkst, wirst Du wohl gestehen müssen, wie sehr Du Dich geirrt, als Du den nahen Zusammenbruch der kapitalistischen Gesellschaftsordnung prophezeitest.

Der Phantast. Du irrst! Vor dem Kriege habe ich allerdings in ungezählten Reden die Zusammenbruchs-Jeremiasse verspottet und gerade umgekehrt dargelegt, dass ich nirgends auch nur den Beginn einer Zersetzung geschweige eines Zusammenbruchs zu erkennen vermöchte. Jetzt aber hat der Krieg meinen Wahn geheilt. Das kapitalistische System ist zusammengebrochen, fürchterlicher, jäher, als irgendjemand vermuten konnte.

Der Realist. Heiteres in ernster Zeit – wie die Kriegsberichterstatter ihre Fabeln zu benennen pflegen. Du scherzest aber ein wenig grotesk! Der Kapitalismus zusammengebrochen? Gerade jetzt, in dem Augenblick, da er das größte Wunder seiner organisatorischen Kraft, seiner unerschöpflichen Lebensfähigkeit geleistet hat –
Der Phantast. – das recht alte Wunder, meinst Du, dass der Krieg den Krieg ernährt und die Friedensbezirke im Kriege obendrein –
Der Realist. Alt oder neu, jedenfalls ist nichts von dem eingetroffen, was ihr zuvor zu verkündigen liebtet –
Der Phantast. – ich habe niemals zuvor von dem verkündigt, was Du jetzt aufzählen willst: Dass mit dem Ausbruch des Krieges die ganze Industrie zum Stocken kommt, dass hungernde Arbeitermassen brotschreiend die Straßen der Hauptstädte erfuellen. Ich liebte es im Gegenteil, auf die industriefördernden Erfahrungen [vergangener Kriege] hinzuweisen."[98]

Mit Blick auf solche Darstellungen, die die Ausbeutung der Arbeiterschaft durch den Krieg und diejenigen, die von diesem profitierten, thematisierten, konnte Eisner kaum auf eine echte Breitenwirkung hoffen.
Als jedoch im Januar 1918[99] ein landesweiter Streik beweisen sollte, dass die deutsche Arbeiterschaft die

Fortsetzung des Krieges, im Gegensatz zur MSPD, nicht befürwortete, sondern die Arbeiterinnen und Arbeiter durchaus gewillt waren, sich für den Frieden zu erheben, war Eisner in München einer der führenden Organisatoren des Januarstreiks, auch wenn dieser hinter den Erwartungen, dass dieser der Beginn einer Revolution werden könnte, zurückblieb. Für Eisner, der zwar die Wirkung des Januarstreiks überschätzte und zudem im Anschluss an denselben verhaftet wurde, so dass er die nächsten Monate erneut im Gefängnis verbringen musste, war die Erhebung der Menschen gegen den Krieg jedoch ein erstes Zeichen dafür, dass eine bessere Zeit angebrochen war:
„Das waren die schönsten Tage meines Daseins, Tage der Erhebung, des Kampfes. Ich sah wieder Menschenseelen, nicht nur Tiermägen. Und ich konnte an all dem Grossen mithelfen. Seit Kriegsbeginn trage ich ganz einsam meinen Glauben an die Massen auch in Deutschland. Immer sagten mir die Müden, Feigen, Allzuklugen und Zweifler: Sieh doch nur um Dich; sie wollen nichts anderes mehr als Geld, Nahrung und – reclamiert werden. Die Millionen deutscher Sozialdemokraten sind für nichts mehr zu haben. Ich pflegte zu erwidern: Dann hätten wir aber unser Leben umsonst vertan. Dann hört aber auch [sic] Politik zu treiben, geht abseits, vergräbt [sic] euch irgendwo; denn mit diesem Bewusstsein der Ohnmacht und des

Zusammenbruchs wäre ja all euer politisches Tun nur noch Schwindel. Gläubige oder Schwindler – ein Drittes giebt es nicht. Aber Ihr irrt euch, Ihr kennt die Masse nicht, Ihr seht nur in sie die seelische Zersetzung hinein, die an euch selber frisst, euch sogenannten Führern. Nun hat sich in einer einzigen Woche mein Glaube wieder erheben können. Das deutsche Proletariat ist wieder aus hoffnungsloser Starre erwacht."[100]

Kurz vor der Novemberrevolution wurde Eisner schließlich wieder aus dem Gefängnis entlassen und konnte sich am revolutionären Prozess sowie der postrevolutionären Gestaltung der von ihm ersehnten „neuen Zeit" beteiligen. Dabei versuchte er einem Ideal gerecht zu werden, das darauf beruhte, dass die Revolution eine bessere Welt, ohne Ausbeutung und Ungerechtigkeit, dafür mit umso mehr demokratischer Partizipation und freiheitlicher Gleichheit, schaffen würde.

Kurt Eisner, vor 1919

Kurt Eisner und die Revolution

Eisners Revolutionsvorstellung war der Rosa Luxemburgs (1871–1919) nicht unähnlich.[101] Wie aus den Arbeiten für das *Arbeiter-Feuilleton* sowie seiner dramatischen Verarbeitung der Russischen Revolution, die er während seiner Haft 1918 angefertigt hatte[102], hervorgeht, war er sicherlich, mit Blick auf die von ihm angestrebten Ziele, kein radikaler Revolutionär, der sich am Beispiel Lenins und der Bolschewiki, also an der Korrumpierung eines revolutionären Prozesses orientiert hätte.[103] Schon die Haltung Kerenskis, der nach der Übernahme der Macht unfähig schien, einen echten Neuanfang zu wagen, sondern vielmehr versuchte, die Herrschaft, ebenso wie den Krieg, als eine Art „neuer Zar" fortzusetzen, lehnte Eisner ab. Dennoch wurde letzterem später vor allem seine zögernde Haltung vorgeworfen, da er sich nicht klar zur eigenen Zukunftsvorstellung geäußert hatte. Vielmehr hatte er in der Rolle des provisorischen Ministerpräsidenten wohl erkannt, dass es mehr Zeit brauchen würde, der bayerischen Bevölkerung die Ideale der Revolution zu vermitteln, so dass die Wahlen das revolutionäre Projekt unter Umständen vorzeitig beendet hätten. Folglich bat Eisner die Münchner Kommunisten, so ein Zeitungsbericht aus dem Dezember 1918, „fast flehentlich um Ruhe und Ordnung; denn eine Revolution, die nicht imstande sei, Ordnung zu halten und Arbeit zu leisten, sei verloren. [...] Wenn das Proletariat die Nationalversammlung verhindere, so sei das der Bankerott des Proletariats."[104] Für die berichtende *Aschaffenburger Zeitung* kam diese Erklärung einem politischen Geständnis gleich: „In diesem Bekenntnis liegt wohl der Schlüssel zur Erklärung von Eisners Wandlung. Von den zwei Seelen, die in Eisners Brust wohnen, muß zurzeit die eine schweigen; er fürchtet die Geister, die er rief und hofft sich nun – Der Strohhalm, an den sich der Ertrinkende klammert! – die Rettung seiner unhaltbaren Stellung von der Nationalversammlung, für die er bisher so wenig Gegenliebe gehabt hat. Schienen ihm die Spartacusleute in Bayern stark genug, um die Neigungen seiner zweiten Seele durchzusetzen, dann wäre es ihm sicherlich lieber."[105]

Gerade die Tatsache, dass Eisner um „Ruhe und Ordnung" bat, zeigt allerdings, dass er einen Umbau der Gesellschaft anstrebte, der von den neuen Möglichkeiten ausging, einen demokratischen Konsens für eben diese zu schaffen. Eine gewaltsame Machtübernahme wie die Lenins im Zuge der Oktoberrevolution 1917 lag ihm fern, denn Eisner wollte vielmehr im Sinne zweier Grundwerte regieren: Freiheit und Wahrheit. Für beide hatte er sich in den Jahren des Krieges eingesetzt und beide wollte er unbedingt

erhalten. Als die Berichterstattung über seine Rolle während der Revolution und in der Zeit seiner Regierung als Ministerpräsident des bayerischen Freistaates in Hetze umschlug, so dass sein Ruf bedeutend geschädigt wurde, erklärte Eisner im Hinblick auf eine mögliche Limitierung der Pressefreiheit:
„Man bemüht sich von allen Seiten, mich aufmerksam zu machen auf die albernen Artikel, die eine gewisse Presse gegen meine Person richtet. Ich erfahre daraus allerlei interessante Bereicherungen meiner Biographie. Man erweist mir darin auch die Ehre, mich mit einem Familien- und Erwerbssinn zu besagen, der mir nur in geringstem Maße bisher beschieden war. Schon habe ich meinen gesamten Familienanhang in gut bezahlten Stellungen untergebracht. Besorgte Leute verlangen von mir, daß ich gegen solche Aeußerungen, die doch nur eine Fäulniserscheinung des zusammengebrochenen Systems sind, einschreite. Ich wiederhole, daß die Presse in voller Freiheit soviel Dummes und Kluges, soviel Anständiges und Schmutziges produzieren soll, wie es ihrem geistigen und moralischen Vermögen entspricht. Ich habe in den viereinhalb Kriegsjahren soviel Verachtung gegen diese Presse aufgehäuft, daß sie genügt, um mich für den Rest meines Lebens gegen jede Neigung zu festigen, auch nur polemisch mich mit ihr zu befassen.“[106]

Solche Erklärungen waren jedoch nicht dazu im Stande, das um sich greifende Narrativ des Judäobolschewismus[107] zu entkräften, das die Revolution zu einem Machwerk von Juden, also zum Teil einer antideutschen jüdischen Weltverschwörung erklärte. Im Zuge seiner Regierungszeit mehrte sich denn auch die Anzahl von Schmäh- und Drohbriefen, die Eisner erhielt und in denen er, oft von anonymen Absendern, wüst antisemitisch beschimpft und sein Leben mehrfach bedroht wurde. In einem dieser Briefe vom 18. Januar 1919 heißt es:
„Genosse Eisner, verdrücke dich, so schnell wie möglich, die Stunde der Abrechnung ist da, wo mit euren Köpfen Fußball gespielt wird werden, denn glaubst Du, daß ein deutsches Volk es so einfach hin nimmt, sich [...] von Juden, die mit russischem Gelde arbeiteten, sich verraten zu lassen, wie ihr Verbrecher und Zuchthäusler und Banditen von Dreckjuden es auf Kosten der deutschen Arbeiter und Bürger getan habt? – Es kostet Judenblut von Euch Stinkjuden. – Du bist Liebknecht's und Rosa Luxemburg's Nachfolger".[108]

Ein „Mann mit Rückgrat" schrieb Eisner anonym (!) das Folgende:
„Saujud!
Krepiere bald, du Hundesohn einer räudigen Schwiegermutter!

Dies der Neujahrswunsch von Leuten, die es gut mit dem tschechischen Judenpack vorhaben.
Ein Bayer, aber kein Saujud
Dem Saujuden Koschinski (vulgo Eisner)!

1) er ist in den Augen der Bayern ein Zuchthäusler,
2) ein schmieriger Drecksjud,
3) ein spinnerter Hanswurst,
4) ein odrahter Spitzbub,
5) ein hundsgemeiner Französling,
6) ein unbeschnittener Mistjude,
7) ein bestochener Hochstapler,
8) ein ungewaschener Sauhund,
9) ein vom Glaubensgenossen Northcliffe bezahltes Schwein,
10) der Auswurf der Menschheit,
11) ein verseuchter Ehebrecher,
12) ein ganz gemeiner internationaler Desperado!“[109]

Darüber hinaus erhielt er einen Steckbrief per Post, demzufolge der „berüchtigte Verbrecher und Verräter am Vaterland“[110], Kurt Eisner, tot oder lebendig, für jeweils 30 000 bzw. 50 000 Mark Belohnung, dem Polizeirevier München zu übergeben sei. Trotz solcher Drohungen versuchte Eisner weiter, die Zukunft aktiv zu gestalten.

Ministerpräsident und Ermordung

Nach einer Veranstaltung auf der Münchner Theresienwiese am 7. November 1918 hatte Eisner zusammen mit einer „kleinen Schar von Linksoppositionellen“[111] die Monarchie gestürzt und eine provisorische Regierung gebildet. Als derselben Ministerpräsident erklärte er am Tag darauf: „Meine Herren! Wir haben in den letzten Tagen in wenig Stunden gezeigt, wie man Geschichte macht, wie man Tatsachen revolutionär für alle Zukunft schafft. Keiner von Ihnen wird heute, welche Anschauung er immer haben mag, des törichten Glaubens sein, daß der Strich, den wir in einer friedlichen Erhebung unter die gesamte Vergangenheit des bayerischen Staatslebens gemacht haben, jemals wieder ausgelöscht werden könnte. Und wenn Sie vielleicht den Eindruck gehabt haben, daß diese radikale Umgestaltung der bayerischen Verfassung und des gesamten Lebens einen etwas anarchistischen Charakter hätte, so ist das nur ein Mißverständnis des Augenblicks.“[112]
Die Revolution war endlich da, beinahe kaum mehr erwartet und doch überwältigend, wie es ein Artikel des Aschaffenburger *Beobachters am Main* am 9. November beschrieb: „Mit wehenden Fahnen ist sie eingezogen und wie eine Lawine rast sie zu Tal. Die Völker horchen auf und halten den Atem an – das ist die

Revolution, der tastende Geist, der zur Tat gewordene Gedanke, der zu den höchsten Höhen greift, wie er aus den tiefsten Tiefen sich erhebt. Wie eine Gralsburg liegt ihr Wegziel in der lichten, weiten Ferne: die Freiheit, und dorthin bahn sie ihre Pfade, die Massen mit sich reißend im brausenden Sturm. Hypnotisch wirkt ihre Kraft – ein jeder fühlt es, merkt es: etwas Großes zieht durch die Lande. [...] Was da schlummerte in tausend Herzen, bricht hervor. Der strengen Pflicht tritt fordernd das Recht in die Wege: Rechte und Freiheit!"[113] Tatsächlich war es so, wie Eisner es verkündete: „Bayern ist gestern ein Freistaat geworden und wird ein Freistaat bleiben."[114] Die Provisorische Regierung Bayerns versuchte, die Interessen der Menschen in ihrer Gesamtheit zu berücksichtigen und wollte nicht als Herrschaft einer einzelnen Partei gelten: „Sie sehen, wir sind nicht einseitig, wir haben weder Richtungen bevorzugt, noch haben wir bürgerliche Fachmänner ausgeschlossen. Ich möchte glauben, daß dieses Ministerium sich zu einer Körperschaft entwickeln wird, in der alles tätig ist, gleich, welche Vorbildung oder Herkunft die Männer haben, in der alles tätig sein kann, was uns nach Charakter, Wissen, Energie, Gesinnung, fruchtbare Arbeit leisten kann."[115] Gleichzeitig warnte Eisner allerdings davor, die bevorstehenden Aufgaben zu unterschätzen: „Wir gehen dunklen Tagen entgegen, vielleicht den furchtbarsten Tagen, die seit Jahrhunderten uns beschieden gewesen sind. Aber ich bin der festesten Überzeugung, daß aus diesem Meere von Blut und aus dieser Zerrüttung aller Verhältnisse dennoch eine neue Welt, eine hellere, reichere und freiere Welt erstehen wird, und die politische Umwälzung, die wir hier erlebt haben und die wir verteidigen werden [...], ist ein Vorgang jener sozialen Umgestaltung, die nach dem Frieden die heiligste und unaufschiebbarste Angelegenheit internationaler Arbeit sein wird."[116] Eisner strebte danach, die Arbeiter-, Bauern- und Soldatenräte in die neue demokratische Ordnung miteinzubeziehen[117] und betonte die Möglichkeiten zur Schaffung von Neuem, welche die Revolution in diesem Moment der Geschichte bereithielt: „Es gibt nichts Fruchtbareres als eine Revolution. So zerstörend der Krieg war, so aufbauend ist die Revolution. Die Revolution wurde die Retterin im Zusammenbruche, den der Krieg herbeigeführt hat. In diesem Zusammenbruche begannen sofort am Morgen nach der Revolution die neuen Männer zu arbeiten. Ich glaube, wir brauchen uns unserer Arbeit nicht zu schämen. Wir haben in vier Wochen mehr zustandsgebracht als vordem in ebensoviel Jahrzehnten."[118] Tatsächlich hatte die Revolution, und das nicht nur in Bayern, viele Veränderungen – Ende der Monarchie, Frauenwahlrecht, Achtstundentag, etc. – mit sich gebracht,

Bayerns Ministerpräsident Kurt Eisner mit Frau und Minister Hans Unterleitner im Januar 1919

die demokratische Neuordnung der politischen Verhältnisse spielte sich jedoch nicht problemlos ab. Eisners revolutionärer „Erfolg," so Bernhard Grau, „war umso erstaunlicher, als er ohne ernsthaften Widerstand und völlig unblutig errungen wurde. Mit Verwirklichung der Nahziele war der schichtenübergreifende Minimalkonsens, der den Umsturz ermöglicht hatte, [aber] freilich bald aufgezehrt."[119] Eisner geriet von beiden Seiten des politischen Spektrums unter Druck. Den Kommunisten strebte er zu wenig offensiv in Richtung Radikalisierung des revolutionären Prozesses zur Durchsetzung der marxistischen

Maximalforderungen und für die konservativ-nationalistische Klientel war ein sozialistischer Ministerpräsident an der Spitze des bayerischen Staates, noch dazu ein „Berliner Jude“ und Schriftsteller, ein Dorn im Auge. Eisner gelang es nicht, die unterschiedlichen Lager dauerhaft zu vereinen – er scheiterte dahingehend bereits mit Blick auf die bayerische MSPD – und er selbst musste schließlich nach den Wahlen zu Beginn 1919 einsehen, dass seine Politik keine Mehrheit der Wählerinnen und Wähler hinter sich vereinen konnte. Eisner blieb schlussendlich nur der Rücktritt, wobei er zu lange zögerte, diesen offiziell zu erklären. Als er schließlich dazu bereit war, wurde er auf dem Weg zum Landtag am 21. Februar 1919 von Anton Graf von Arco auf Valley (1897–1945) erschossen. Erneut wurde, nach dem Mord an Rosa Luxemburg und Karl Liebknecht (1871–1919) am 15. Januar 1919, ein Vertreter der sozialistischen Revolution in Deutschland ermordet. Eisners Tod machte den bis dahin vielen verhassten Politiker jedoch noch einmal populär und Tausende nahmen an seiner Beerdigung teil. Mit seiner Person fehlte schließlich auch der Repräsentant des politischen Minimalkonsenses in der bayerischen Landeshauptstadt, wo sich in der Folge die Ereignisse nochmals radikalisieren sollten und zwei kurzlebige Räterepubliken entstanden. Am 1. Mai wurde die zweite der beiden von Regierungssoldaten und Freikorps blutig niedergeschlagen und München „befreit“. Die im Zuge dessen abgehaltenen Standgerichte sind ein Beleg der gewaltsamen Entgrenzung zu Beginn der Weimarer Republik[120], welche diese in den kommenden Jahren noch schwer belasten sollte.

Postkarte, Ort des Attentats auf den bayerischen Ministerpräsidenten Kurt Eisner, Februar 1919

„Bodendenkmal" in der Kardinal-Faulhaber-Straße, November 2008

Resümee

Kurt Eisner war vielleicht nicht die Person, die sofort als Revolutionär erkannt worden wäre. Er war ein Journalist, der vor allem für seine feuilletonistischen Arbeiten sowie seine Theaterkritiken bekannt war. Er war ein Dramatiker, ein Visionär und jemand, der viele Interessen jenseits der Parteipolitik hatte. Zweifelsohne war Eisner jedoch ein linker Intellektueller, der eine Idee der Politik repräsentierte, die vor allem der Wahrheit und des Gemeinwohls verpflichtet war. Darüber hinaus war Eisner stets der Zukunft und einer Verbesserung der Welt im Allgemeinen sowie der Lage der deutschen Arbeiterschaft im Besonderen verpflichtet. Erkannt wurden diese wichtigen Bestandteile seiner Identität jedoch nur selten. Der oft zitierte Chronist der Weimarer Republik, Victor Klemperer (1881–1960), schien ebenfalls nicht sonderlich begeistert zu sein, als er die charismatische Führungspersönlichkeit der bayerischen Revolution erstmals erblickte: „Ein zartes, winziges, gebrechliches, gebeugtes Männchen. Dem kahlen Schädel fehlen imposante Maße, das Haar hängt schmutziggrau in den Nacken, der rötliche Vollbart wechselt ins Schmutziggraue hinüber, die schweren Augen sehen trübgrau durch Brillengläser. Nichts Geniales, nichts Ehrwürdiges, nichts Heroisches ist an der ganzen

Gestalt zu entdecken, ein mittelmäßiger verbrauchter Mensch, dem ich mindestens 65 Jahre gebe, obschon er noch ganz am Anfang der Fünfzig steht. Sehr jüdisch sieht er nicht aus, aber germanisch […] oder bajuwarisch […] erst recht nicht."[121]
Ungeachtet dieser Einschätzung war es Eisner gelungen, die Revolution in Bayern in eine geordnete Bahn zu lenken und wichtige Änderungen auf den Weg zu bringen. Als Politiker scheiterte er vor allem aufgrund einer polemischen und antisemitischen Hetze, die ihn, selbst in der Parteipresse der SPD, als politisch unerfahrenen Träumer oder als bolschewistischen Agenten einer jüdischen Weltverschwörung darstellte. Der geballten Anfeindung von Militaristen, Monarchisten und Antisemiten war Eisner damit oft schutzlos ausgeliefert: „Er hat das Land mit einem Schlag von zwei Plagen befreit: dem Militarismus und der Monarchie. Kein Wunder, daß die Nutznießer dieser Plagen ihm tödlichen Haß schwuren."[122] Felix Fechenbach konstatierte fünf Jahre nach Eisners Tod im Gegensatz zu vielen posthumen Verleumdungen und zur Erinnerung an diesen ungewöhnlichen und zugleich inspirierenden Menschen der Revolution von 1918: „Kurt Eisner war kein Politiker gewöhnlichen Stils, wie jene kurzsichtigen Geschäftspolitiker, die nicht über den Tag hinaussehen. Er war eingestellt auf den großen Gang der Entwicklung, und deshalb wurde er oft

mißverstanden von den Handwerkern der Tagespolitik."[123] Ein anderer Nachruf auf Eisner, der zwei Jahre nach seinem Tod in der *Neuen Zeitung* in München erschien, fasste seine Rolle als Revolutionär und demokratischer Sozialist treffend wie folgt zusammen: „Er war der letzte Demokrat, dem die Demokratie eine Weltanschauung bedeutete und ihm blieb die historische Aufgabe vorbehalten, in Bayern und in Deutschland die bürgerliche Revolution mit vorzubereiten, die bisher in Deutschland nicht stattgefunden hatte, die geschichtlich nachzuholen war und die zugleich mehr war als eine bürgerliche Revolution, die den Zusammenbruch der bürgerlichen Welt überhaupt mindestens symbolisch ankündigte."[124] Dieser Würdigung kann heute, mehr als 100 Jahre nach Eisners Tod, nur zugestimmt werden und es bleibt zu hoffen, dass das Leben und Wirken dieser schaffenden und zukunftsorientierten Persönlichkeit, dieses Repräsentanten eines demokratischen Sozialismus auch in der Zukunft wieder die Aufmerksamkeit erfährt, die ihm gebührt.

Kurt-Eisner-Stele in der heutigen Mathäser-Einkaufspassage
in München, November 2008

Anmerkungen

1 Jacob, Frank: „Kurt Eisner, der unvollendete Revolutionär", in: *Zeitschrift für Geschichtswissenschaft*, 66. Jahr, 10. Heft, 2018, 826–841.

2 Kurt Eisner, Handschriftliche literarische Aufzeichnungen, Bundesarchiv Berlin (BArch Ber), Stiftung Archiv der Parteien und Massenorganisationen der DDR im Bundesarchiv (SAPMO) Nachlass Eisner, NY 4060/13-2, Bl. 281.

3 Ausarbeitungen von Kurt Eisner, Über Buchreihe „Weltweg des Geistes", 1917, BArch Ber, SAPMO, NY 4060/22, Bl. 1–5.

4 Eisner, Freya: „Kurt Eisners Ort in der Sozialistischen Bewegung", in: *Vierteljahrshefte für Zeitgeschichte*, 43. Jahr, 3. Heft, 1995, 407–435, hier 407.

5 Weidermann, Volker: Träumer: Als die Dichter die Macht übernahmen, Köln 2017.

6 Eisner hatte erst relativ spät den Weg in die SPD gefunden. Vgl. dazu Pohl, Karl Heinrich: „Kurt Eisner (1867–1919): Vom Reformer zum Revolutionär", in: Lehnert, Detlef (Hg.): Vom Linksliberalismus zur Sozialdemokratie. Politische Lebenswege in historischen Richtungskonflikten 1890–1933, Köln/Weimar/Wien 2015, 67–92.

7 Jacob, Frank: „Kurt Eisner 1867–1919: Der vergessene Literat", in: Jacob, Frank; Ebert, Sophia (Hg.): Reicher Geist, armes Leben: Das Bild des armen Schriftstellers in Geschichte, Kunst und Literatur, Würzburg 2019, 125–142.

8 Eisner, Kurt: Mors Immortalis, hg. v. Ebert, Sophia et al., Berlin 2019. Vgl. zu diesen vier Einaktern auch Ebert, Sophia: „Expressionistische Kriegskritik. Kurt Eisners Dramenzyklus Mors Immortalis", in: Jacob, Frank; Altieri, Riccardo (Hg.): Krieg und Frieden im Spiegel des Sozialismus 1914–1918, Berlin 2018, 177–189.

9 Das Standardwerk zu Eisner ist Grau, Bernhard: Kurt Eisner, 1867–1919. Eine Biographie, München 2001. Das im Zuge des 100. Jahrestages der Ermordung des bayerischen Ministerpräsidenten erschienene Buch des amerikanischen Historikers Albert Earle Gurganus (Kurt Eisner: A Modern Life, Rochester/New York 2018) bietet leider keinerlei neue Einsichten.

10 Vgl. dazu Jacob, Frank; Baddack, Cornelia (Hg.): 100 Schmäh- und Drohbriefe an Kurt Eisner, 1918/19, Berlin 2019.

11 Vgl. dazu ausführlich Hitzer, Friedrich: Anton Graf Arco: Das Attentat auf Kurt Eisner und die Schüsse im Landtag, München 1988.

12 Ausarbeitungen von Kurt Eisner, Reden und Notizen, 1907–1919, BArch Ber, SAPMO, NY 4060/29, Bl. 18–24.

13 Fechenbach, Felix: Kurt Eisner: Ein Lebensbild, Berlin 1929, 1.

14 Jacob, Frank: „Der Kampf um das Erbe der Revolution: Die Darstellung Kurt Eisners in den Printmedien der Weimarer Republik", in: *Jahrbuch für Antisemitismusforschung*, 29. Jahr, 2020, 325–346.

15 Mann, Heinrich: Kurt Eisner: Zum Jahrestag seiner Ermordung, Zeitungsausschnitt, BArch Ber, SAPMO, NY 4060/152-1, Bl. 52.

16 Eisner, Kurt: Die neue Zeit, München 1919.

17 Eisner, Else: „Kurt Eisner: Der Zusammenbruch der marxistischen deutschen Arbeiterbewegung und das Ende des Reichs. Geschichte und Biographie", in: Friedrich-Ebert-Stiftung, Archiv der sozialen Demokratie, Fonds 212, Opis 1, Band 48, 4. Diese Quelle ist sicherlich kritisch zu betrachten, da Eisners zweite Frau bisweilen hagiographische Motive einfließen lässt und Eisner als „Idealfigur" beschreibt. Ungeachtet dessen, ist es wohl eine der nächsten Darstellungen und Quellen, die nicht von ihrem Mann selbst stammt.

18 Schairer, Erich: „Ein Märtyrer", in: *Sonntags-Zeitung* (Stuttgart),

22. Februar 1925, BArch Ber, SAPMO, NY 4060/152-2, Bl. 129.

19 Schuri, Claudia: „Gedenken an einen Weltverbesserer", 8. Mai 2017, URL: https://www.merkur.de/bayern/kurt-eisner-gedenken-an-einen-weltverbesserer-8271221.html [1. Mai 2021].

20 Eisner: Kurt Eisner [FN 17], 3.

21 Biografisches Material, BArch Ber, SAPMO, NY 4060/3, Bl. 12.

22 Fechenbach: Kurt Eisner [FN 13], 1.

23 Eisner: Kurt Eisner [FN 17], 3.

24 Brief an den Vater, Berlin, den 22. Juli 1885, in: Persönliche Korrespondenz, BArch Ber, SAPMO, NY 4060/74.

25 Przeradzki, Bernhard (Hg.): Eine Chronik der Askanischen Oberschule zum 100-jährigen Bestehen, Berlin 21984.

26 Fechenbach: Kurt Eisner [FN 13], 1.

27 Eisner: Kurt Eisner [FN 17], 3.

28 Ebd.

29 Halbjahreszeugnis 1885, Persönliche Dokumente Kurt Eisner, BArch Ber, SAPMO, NY 4060/1, Bl. 3.

30 Förderungszusage des Vorstandes des Hilfs-Vereins für jüdische Studierende, 14. Dezember 1888, Persönliche Dokumente Kurt Eisner, BArch Ber, SAPMO, NY 4060/1, Bl. 76.

31 Anmeldungs-Buch des Studirenden Kurt Eisner aus Berlin, Königliche Friedrich-Wilhelms-Universität Berlin, 28. April 1886, Persönliche Dokumente Kurt Eisner, BArch Ber, SAPMO, NY 4060/1, Bl. 71.

32 Vgl. dazu Treitschke, Heinrich von: Ein Wort über unser Judenthum, Berlin 1880.

33 Handschriftliches Manuskript, Heinrich von Treitschke, Ausarbeitungen und Manuskripte Sch-V, BArch Ber, SAPMO, NY 4060/10, Bl. 122–125, hier Bl. 122.

34 Ebd.

35 Ebd., Bl. 123.

36 Handschriftliches Manuskript, Die Universitäten und die Freiheit der Wissenschaft, Ausarbeitungen und Manuskripte Sch-V, BArch Ber, SAPMO, NY 4060/10, Bl. 204–213.

37 Eisner: Kurt Eisner [FN 17], 4.

38 Beiser, Frederick C.: Hermann Cohen: An Intellectual Biography, Oxford 2018.

39 Kurt Eisner an Herman Cohen zum 70. Geburtstag, o. D., Briefe von Eisner an Einzelpersonen, Korrespondenz aus seiner parteipolitischen Tätigkeit, BArch Ber, SAPMO, NY 4060/67, Bl. 8.

40 Eisner: Kurt Eisner [FN 17], 13.

41 Vgl. dazu Sieg, Ulrich: Aufstieg und Niedergang des Marburger Neukantianismus: die Geschichte einer philosophischen Schulgemeinschaft, Würzburg 1994.

42 Eisner: Kurt Eisner [FN 17], 13.

43 Die Ehe mit Elisabeth hatte zudem den Konflikt mit den Eltern erneut befeuert. Vgl. dazu Fechenbach: Kurt Eisner [FN 13], 2. – Eisner: Kurt Eisner [FN 17], 6.

44 Jacob, Frank: „Von reaktionären Kaderschmieden und der plutokratischen Bildungsklasse: Kurt Eisner (1867–1919) und die Kritik am Klassismus des wilhelminischen Universitätssystems", in: Altieri, Riccardo; Hüttner, Bernd (Hg.): Klassismus und Wissenschaft: Erfahrungsberichte und Bewältigungsstrategien, Marburg 2020, 199–212.

45 Else Eisner schreibt etwa mit Blick auf Eisners Arbeiten für die *Hessische Landeszeitung*, dass „[s]eine politischen Leitartikel, in der Provinz geschrieben, das Erstaunen der Berliner Presse durch ihre Schärfe, Klarheit [erregten]. Mit ihnen erwarb er sich einen Namen als politischer Journalist." Eisner: Kurt Eisner [FN 17], 7.

46 Eisner: Kurt Eisners Ort in der Sozialistischen Bewegung [FN 4], 413.

47 Vgl. dazu Eisners Artikel „Ein undiplomatischer Neujahrsempfang“, in: *Die Kritik*, 2. Januar 1897; „Kriminelle Majestätsverherrlichung“, in: *Die Kritik*, 30. Januar 1897 und „Dolus eventualissimus”, in: *Die Kritik*, 8. Mai 1897.

48 Königliche Staatsanwaltschaft an Kurt Eisner, Marburg, den 15. Oktober 1897, Persönliche Dokumente, Prozessakten 1897 und 1918, BArch Ber, SAPMO, NY 4060/4, Bl. 88. Die Prozessakten finden sich ebd., Bl. 1–286.

49 Brief von Dr. Strand an Kurt Eisner, 23. September 1897, ebd., Bl. 73.

50 Eisner: Kurt Eisners Ort in der Sozialistischen Bewegung [FN 4], 419.

51 Zeitungsmeldung, Mai 1897, Persönliche Dokumente, Prozessakten 1897 und 1918, BArch Ber, SAPMO, NY 4060/4, Bl. 129.

52 Kurt Eisner an die Königliche Staatsanwaltschaft Marburg, Marburg, 16. Oktober 1897, Persönliche Dokumente, Prozessakten 1897 und 1918, BArch Ber, SAPMO, NY 4060/4, Bl. 89.

53 Eisner: „Der Zuhälter. Eine Erinnerung“, in: Ausarbeitungen für den Arbeiter-Feuilleton, Nr. 7, 7. März 1913, *Arbeiter-Feuilleton* 1913, Artikel von Kurt Eisner, NY 4060/54, Bl. 70–73.

54 Undatierter Brief aus Plötzensee [1898], Briefe von Eisner an Einzelpersonen, Korrespondenz aus seiner parteipolitischen Tätigkeit, BArch Ber, SAPMO, NY 4060/67, Bl. 89.

55 Eisner, Kurt: Wie ich in Plötzensee verdurstete… Erinnerungen aus meiner Strafvollzugszeit, Tagebuchaufzeichnungen während der Haft in Plötzensee 1897–1898, BArch Ber, SAPMO, NY 4060/14, 1.

56 Ebd., 14f.

57 Ebd., 16.

58 Kurt Eisner an Paul Baader, o. D. [1898], Briefe von Eisner an Einzelpersonen, Korrespondenz aus seiner parteipolitischen

Tätigkeit, BArch Ber, SAPMO, NY 4060/67, Bl. 1. Hervorhebung im Original.

59 Ebd.

60 Sonntagsplauderei, *Unterhaltungsblatt des Vorwärts*, 3. September 1899, 686–687, Ausarbeitungen von K.E., Artikel/Sonntagsplaudereien, BArch Ber, SAPMO, NY 4060/34, Bl. 25 RS–26, hier 686.

61 Sonntagsplauderei, *Unterhaltungsblatt des Vorwärts*, 1. Oktober 1899, 766–767, Ausarbeitungen von K.E., Artikel/Sonntagsplaudereien, BArch Ber, SAPMO, NY 4060/34, Bl. 35 RS–36, hier 766.

62 Vgl. dazu ausführlich die Dokumente zum V*orwärts*-Konflikt, BArch Ber, NY 4060/59.

63 Eisner: Kurt Eisner [FN 17], 90. Vgl. dazu auch: Der Vorwärts-Konflikt: Gesammelte Aktenstücke, München 1905.

64 Zum Revisionismusstreit vgl. Jacob, Frank: Rosa Luxemburg: Ein Leben für die Revolution, Leipzig 2021, 21–26. – Jacob, Frank: Rosa Luxemburg: Living and Thinking the Revolution, Marburg 2021, 23–39.

65 Eisner, Kurt: Der Sultan des Welkrieges: Ein marokkanisches Sittenbild deutscher Diplomaten-Politik, Dresden 1906.

66 Vgl. dazu Beer, Helmut: *Fränkische Tagespost*, Historisches Lexikon Bayerns, URL: http://www.historisches-lexikon-bayerns.de/Lexikon/Fränkische Tagespost [7. Juni 2017].

67 Pohl: Kurt Eisner (FN 6), 75.

68 Ebd., 78.

69 Eisner hatte sich erst am 13. April 1917 von seiner ersten Frau scheiden lassen und am 30. Mai 1917 Else Belli geheiratet. Scheidungsurkunde, 13. April 1917, BArch Ber, SAPMO, NY 4060/1, Bl. 116.

70 Grau: Kurt Eisner [FN 9], 231.

71 Jacob, Frank: „Der Kultursozialismus Kurt Eisners (1867–1919): das „Arbeiter-Feuilleton“ und die Aufklärung der deutschen Arbeiterschaft“, in: *Arbeit – Bewegung – Geschichte: Zeitschrift für Historische Studien*, 18. Jahr, 1. Heft, 2019, 9–25, hier 13.

72 Grau: Kurt Eisner [FN 9], 232.

73 Ebd., 230.

74 Kurt Eisner an Else Belli, Nürnberg, 23. September 1909, BArch Ber, SAPMO, NY 4060/77, Bl. 305.

75 Zum Entstehungsprozess des Arbeiter-Feuilletons vgl. Jacob, Frank; Steinberg, Swen: „Einleitung“, in: Steinberg, Swen et al. (Hg.): Kurt Eisner, Arbeiter-Feuilleton, Bd. 1: 1909–1911, Berlin 2018, 7–26.

76 Kurt Eisner an Else Belli, Nürnberg, 11. Oktober 1909, BArch Ber, SAPMO, NY 4060/77, Bl. 323.

77 Kurt Eisner an Else Belli, Nürnberg, 6. Dezember 1909, BArch Ber, SAPMO, NY 4060/77, Bl. 383.

78 Gründungsschreiben des Arbeiter-Feuilletons, Kurt Eisner, Nürnberg, Breitegasse 25/27, 17. Dezember 1909, BArch Ber, SAPMO, NY 4060/51, Bl. 1. – Kurt Eisner an Else Belli, Nürnberg, 17. Dezember 1909, BArch Ber, SAPMO, NY 4060/77, Bl. 400. Die Arbeit am *Arbeiter-Feuilleton* war von Beginn an ein Projekt, in das auch Else Belli stark einbezogen war. Vgl. Jacob: Kultursozialismus [FN 71], 14f.

79 Grau: Kurt Eisner [FN 9], 232.

80 Kurt Eisner an Else Belli, Nürnberg, 21. 12. 1909, BArch Ber, SAPMO, NY 4060/77, Bl. 405.

81 Schreiben Kurt Eisners, München, Anfang Juli 1910, BArch Ber, SAPMO, NY 4060/51, Bl. 38.

82 Vgl. dazu ausführlich Eisner, Kurt. Arbeiter-Feuilleton, 3 Bde., hg. Jacob, Frank et al., Berlin 2018.

83 Jacob: Kultursozialismus [FN 71], 17.

84 Magdeburger Sauerkraut, in: *Arbeiter-Feuilleton*, Nr. 24/25, September 1910, BArch Ber, SAPMO, NY/4060/51, Bl. 57. Der Beitrag wurde abgedruckt in: Münchner Post, 18./19. September 1910.

85 Albanesen, in: *Arbeiter-Feuilleton*, Nr. 12, April 1911, BArch Ber, SAPMO, NY/4060/52, Bl. 41–42. Dieser Beitrag trägt keine Signatur von Kurt Eisner, stammt aber – vor allem aufgrund der Sammlungspolitik des Instituts für Marxismus-Leninismus beim ZK der SED und des Stils des Artikels – mit hoher Wahrscheinlichkeit von ihm.

86 Vgl. dazu ausführlich die edierten Beiträge in: Kurt Eisner: Arbeiter-Feuilleton, Bd. 1: 1909–1911, hg. v. Steinberg, Swen et al., Berlin 2018.

87 Kurt Eisner an Else Belli, Nürnberg, 17. Februar 1910, BArch Ber, SAPMO, NY 4060/78, Bl. 53–54.

88 Kruse, Wolfgang: Krieg und nationale Integration. Eine Neuinterpretation des sozialdemokratischen Burgfriedenschlusses 1914/15, Essen 1993, 62.

89 Redaktion der Volksstimme, Heilmann an Kurt Eisner, Chemnitz, 13. Dezember 1916, BArch Ber, SAPMO, NY 4060/61, Bl. 16.

90 Kurt Eisner an Heilmann, München, 25. Januar 1917, BArch Ber, SAPMO, NY 4060/61, Bl. 19.

91 Ebd.

92 Brief von Kurt Eisner an Joseph Belli, München, 12. Dezember 1915, BArch Ber, SAPMO, NY 4060/79, Bl. 5–6. – Brief von Kurt Eisner an Joseph Belli, München, 6. Januar 1916, BArch Ber, SAPMO, NY 4060/79, Bl. 8. – Brief von Kurt Eisner an Joseph Belli, München, 13. September 1917, BArch Ber, SAPMO, NY 4060/79, Bl. 21.

93 Vgl. zu Eisners Pazifismus Altieri, Riccardo: Der Pazifist Kurt Eisner, Hamburg 2015.

94 Vgl. dazu: Braune, Andreas; Hesselbarth, Mario; Müller, Stefan

(Hg.): Die USPD zwischen Sozialdemokratie und Kommunismus 1917–1922: Neue Wege zu Frieden, Demokratie und Sozialismus?, Stuttgart 2018. – Jacob, Frank; Altieri, Riccardo (Hg.): Krieg und Frieden im Spiegel des Sozialismus, Berlin 2018. – Schöler, Uli; Scholle, Thilo (Hg.): Weltkrieg – Spaltung – Revolution: Sozialdemokratie 1916–1922, Bonn 2018.

95 Vgl. dazu: Eisner, Kurt: „Der Sozialismus und die Jugend", Vortrag, Basel, 10. Februar 1919, BArch Ber, SAPMO, NY 4060/29, Bl. 9–12.

96 Vgl. Eisner: Arbeiter-Feuilleton, Bd. 3 [FN 82], für die kriegskritischen Artikel des *Arbeiter-Feuilletons* zwischen 1914 und 1917.

97 *Arbeiter-Feuilleton*, Nr. 39, 27. Dezember 1915, BArch Ber, SAPMO, NY/4060/56, Bl. 249–253. Abgedruckt auch in Eisner, Kurt: Gesammelte Schriften, Bd. 1, Berlin 1919, 145–154.

98 Hier zitiert nach Eisner: Arbeiter-Feuilleton, Bd. 3 [FN 82], 150f.

99 Vgl. Boebel, Chaja; Wentzel, Lothar (Hg.): Streiken gegen den Krieg: Die Bedeutung der Massenstreiks in der Metallindustrie vom Januar 1918, Hamburg 2008. – Hoffrogge, Ralf: Richard Müller: Der Mann hinter der Novemberrevolution, Berlin 2008, 36–62.

100 Eisner, Kurt: Aufzeichnungen im Gefängnis, BArch Ber, SAPMO, NY 4060/23-1, Heft 1, Bl. 1–1RS. – Eisners Aufzeichnungen im Gefängnis liegen ebenfalls kritisch ediert vor. Eisner, Kurt: Gefängnistagebuch, hg. v. Jacob, Frank et al., Berlin 2016.

101 Jacob, Frank: „Rosa Luxemburg: Revolution Theory and Revolutionary Practice", in: Jacob, Frank; Scharenberg, Albert; Schütrumpf, Jörn (Hg.): Rosa Luxemburg, Bd. 1: Leben und Wirken, Marburg 2021, 45–96.

102 Eisner, Kurt: „Der Ifrit", in: Eisner: Mors Immortalis [FN 8], 127–170.

103 Dazu ausführlich: Jacob, Frank: 1917: Die korrumpierte Revolu-

tion, Marburg 2020.

104 Was will er nun eigentlich?, in: *Aschaffenburger Zeitung*, 14. Dezember 1918, 1.

105 Ebd.

106 *Aschaffenburger Zeitung*, Mittwoch, 27. November 1918, 2.

107 Jacob, Frank: "The Semiotic Construction of Judeo-Bolshevism in Germany, 1918–1933", in: Jacob, Frank (Hg.): War and Semiotics: Signs, Communication Systems, and the Preparation, Legitimization, and Commemoration of Collective Mass Violence, London 2020, 106–127.

108 Jacob; Baddack (Hg.): 100 Schmäh- und Drohbriefe, [FN 10], Nr. 41.

109 Ebd., Nr. 81.

110 Ebd., Nr. 80.

111 Grau, Bernhard: „Revolution, 1918/1919", publiziert am 9. Mai 2008; in: Historisches Lexikon Bayerns, https://www.historisches-lexikon-bayerns.de/Lexikon/Revolution,_1918/1919 [2. Mai 2021].

112 Verhandlungen des provisorischen Nationalrates des Volksstaates Bayern im Jahre 1918/1919, Stenographische Berichte Nr.1 bis 10, 1. Sitzung am 8. November 1918 bis zur 10. Sitzung am 4. Januar 1919, BArch Ber, SAPMO, NY 4060/30, 1.

113 Der Weg der Revolution, in: *Beobachter am Main*, 9. November 1918.

114 Verhandlungen des Provisorischen Nationalrates [FN 112], 1.

115 Ebd., 3.

116 Ebd.

117 Ebd., 8.

118 Ebd., 9.

119 Grau: „Revolution, 1918/1919" [FN 111]. Auf der lokalen Ebene Bayerns verlief die Revolution zudem durchaus unterschiedlich,

so dass die Münchner Perspektive nicht darüber hinwegtäuschen sollte, dass der revolutionäre Prozess in Bayern durchaus divers ablief. Vgl. dazu Jacob, Frank: „Lokale Perspektiven auf den Beginn der Weimarer Republik: Revolution und Rätezeit 1918/1919 in Unterfranken", in: *Zeitschrift für Geschichtswissenschaft*, 67. Jahr, 10. Heft, 2019, 831–844. – Jacob, Frank: Revolution und Räterepublik in Unterfranken: Eine landesgeschichtliche Untersuchung zu Verlauf und Folgen der Revolution von 1918/19 an der bayerischen Peripherie, Würzburg 2019.

120 Jones, Mark: Am Anfang war Gewalt: Die deutsche Revolution 1918/19 und der Beginn der Weimarer Republik, Berlin [2]2017.

121 Klemperer, Victor: Man möchte immer weinen und lachen in einem: Revolutionstagebuch 1919. Frankfurt am Main 2015.

122 Kurt Eisner, in: *Sonntags-Zeitung* (Stuttgart), o. D. [1924], BArch Ber, SAPMO, NY 4060/152-2, Bl. 118.

123 Fechenbach, Felix: Bayern am Todestag Kurt Eisners, in: *Volks-Zeitung für das Muldental*, 22. Februar 1921, 1–2, BA-SAPMO, NY 4060/152-1, Bl. 109.

124 Dem Gedenken Kurt Eisners, *Neue Zeitung* (München), 21./22. Februar 1920, 1–2, BA-SAPMO, NY 4060/152-1, Bl. 63.

Quellenverzeichnis

Bundesarchiv Berlin
Stiftung Archiv der Parteien und Massenorganisationen der DDR im Bundesarchiv
Nachlass Eisner

Literaturverzeichnis

Altieri, Riccardo: Der Pazifist Kurt Eisner, Hamburg 2015.

Beiser, Frederick C.: Hermann Cohen: An Intellectual Biography, Oxford 2018.

Boebel, Chaja; Wentzel, Lothar (Hg.): Streiken gegen den Krieg: Die Bedeutung der Massenstreiks in der Metallindustrie vom Januar 1918, Hamburg 2008.

Braune, Andreas; Hesselbarth, Mario; Müller, Stefan (Hg.): Die USPD zwischen Sozialdemokratie und Kommunismus 1917–1922: Neue Wege zu Frieden, Demokratie und Sozialismus?, Stuttgart 2018.

Der Vorwärts-Konflikt: Gesammelte Aktenstücke, München 1905.

Ebert, Sophia: „Expressionistische Kriegskritik. Kurt Eisners Dramenzyklus Mors Immortalis", in: Jacob, Frank; Altieri, Riccardo (Hg.): Krieg und Frieden im Spiegel des Sozialismus 1914–1918, Berlin 2018, 177–189.

Eisner, Freya: „Kurt Eisners Ort in der Sozialistischen Bewegung", in: *Vierteljahrshefte für Zeitgeschichte* 43. Jahr, 3. Heft, 1995, 407–435.

Eisner, Kurt: Arbeiter-Feuilleton, 3 Bde., hg. v. Jacob, Frank et al., Berlin 2018.

Eisner, Kurt: Der Sultan des Welkrieges: Ein marokkanisches Sittenbild deutscher Diplomaten-Politik, Dresden 1906.

Eisner, Kurt: Die neue Zeit, München 1919.

Eisner, Kurt: Gesammelte Schriften, Bd. 1, Berlin 1919.
Eisner, Kurt: Mors Immortalis, hg. v. Ebert, Sophia et al., Berlin 2019.
Fechenbach, Felix: Kurt Eisner: Ein Lebensbild, Berlin 1929.
Grau, Bernhard: Kurt Eisner, 1867–1919. Eine Biographie, München 2001.
Grau, Bernhard: Revolution, 1918/1919, publiziert am 9. Mai 2008; in: Historisches Lexikon Bayerns, https://www.historisches-lexikon-bayerns.de/Lexikon/Revolution,_1918/1919 [2. Mai 2021].
Gurganus, Albert Earle: Kurt Eisner: A Modern Life, Rochester/New York 2018.
Hitzer, Friedrich: Anton Graf Arco: Das Attentat auf Kurt Eisner und die Schüsse im Landtag, München 1988.
Hoffrogge, Ralf: Richard Müller: Der Mann hinter der Novemberrevolution, Berlin 2008.
Jacob, Frank; Baddack, Cornelia (Hg.): 100 Schmäh- und Drohbriefe an Kurt Eisner, 1918/19, Berlin 2019.
Jacob, Frank: 1917: Die korrumpierte Revolution, Marburg 2020.
Jacob, Frank: „Der Kampf um das Erbe der Revolution: Die Darstellung Kurt Eisners in den Printmedien der Weimarer Republik", in: *Jahrbuch für Antisemitismusforschung*, 29. Jahr, 2020, 325–346.
Jacob, Frank: „Der Kultursozialismus Kurt Eisners (1867–1919): das ‚Arbeiter-Feuilleton' und die Aufklärung der deutschen Arbeiterschaft", in: *Arbeit – Bewegung – Geschichte: Zeitschrift für Historische Studien*, 18. Jahr, 1. Heft, 2019, 9–25.
Jacob, Frank; Steinberg, Swen: „Einleitung", in: Steinberg, Swen et al. (Hg.): Kurt Eisner, Arbeiter-Feuilleton, Bd. 1: 1909–1911, Berlin 2018, 7–26.
Jacob, Frank; Altieri, Riccardo (Hg.): Krieg und Frieden im Spiegel des Sozialismus, Berlin 2018.
Jacob, Frank: „Kurt Eisner, der unvollendete Revolutionär", in: *Zeitschrift für Geschichtswissenschaft*, 66. Jahr, 10. Heft, 2018, 826–841.

Jacob, Frank: „Kurt Eisner 1867–1919: Der vergessene Literat“, in: Jacob, Frank; Ebert, Sophia (Hg.): Reicher Geist, armes Leben: Das Bild des armen Schriftstellers in Geschichte, Kunst und Literatur, Würzburg 2019, 125–142.

Jacob, Frank: „Lokale Perspektiven auf den Beginn der Weimarer Republik: Revolution und Rätezeit 1918/1919 in Unterfranken“, in: *Zeitschrift für Geschichtswissenschaft*, 67. Jahr, 10. Heft, 2019, 831–844.

Jacob, Frank: Revolution und Räterepublik in Unterfranken: Eine landesgeschichtliche Untersuchung zu Verlauf und Folgen der Revolution von 1918/19 an der bayerischen Peripherie, Würzburg 2019.

Jacob, Frank: Rosa Luxemburg: Ein Leben für die Revolution, Leipzig 2021.

Jacob, Frank: Rosa Luxemburg: Living and Thinking the Revolution, Marburg 2021.

Jacob, Frank: „Rosa Luxemburg: Revolution Theory and Revolutionary Practice“, in: Jacob, Frank; Scharenberg, Albert; Schütrumpf, Jörn (Hg.): Rosa Luxemburg, Bd. 1: Leben und Wirken, Marburg 2021, 45–96.

Jacob, Frank: „The Semiotic Construction of Judeo-Bolshevism in Germany, 1918–1933“, in: Jacob, Frank (Hg.): War and Semiotics: Signs, Communication Systems, and the Preparation, Legitimization, and Commemoration of Collective Mass Violence, London 2020, 106–127.

Jacob, Frank: „Von reaktionären Kaderschmieden und der plutokratischen Bildungsklasse: Kurt Eisner (1867–1919) und die Kritik am Klassismus des wilhelminischen Universitätssystems“, in: Altieri, Riccardo; Hüttner, Bernd (Hg.): Klassismus und Wissenschaft: Erfahrungsberichte und Bewältigungsstrategien, Marburg 2020, 199–212.

Jones, Mark: Am Anfang war Gewalt: Die deutsche Revolution 1918/19 und der Beginn der Weimarer Republik, Berlin 22017.

Klemperer, Victor: Man möchte immer weinen und lachen in einem: Revolutionstagebuch 1919. Frankfurt am Main 2015.

Kruse, Wolfgang: Krieg und nationale Integration. Eine Neuinterpretation des sozialdemokratischen Burgfriedenschlusses 1914/15, Essen 1993.

Pohl, Karl Heinrich: „Kurt Eisner (1867–1919): Vom Reformer zum Revolutionär“, in: Lehnert, Detlef (Hg.): Vom Linksliberalismus zur Sozialdemokratie. Politische Lebenswege in historischen Richtungskonflikten 1890–1933, Köln/Weimar/Wien 2015, 67–92.

Przeradzki, Bernhard (Hg.): Eine Chronik der Askanischen Oberschule zum 100-jährigen Bestehen, Berlin ^{2}1984.

Schöler, Uli; Scholle, Thilo (Hg.): Weltkrieg – Spaltung – Revolution: Sozialdemokratie 1916–1922, Bonn 2018.

Schuri, Claudia: „Gedenken an einen Weltverbesserer“, 8. Mai 2017, URL: https://www.merkur.de/bayern/kurt-eisner-gedenken-an-einen-weltverbesserer-8271221.html [1. Mai 2021].

Sieg, Ulrich: Aufstieg und Niedergang des Marburger Neukantianismus: die Geschichte einer philosophischen Schulgemeinschaft, Würzburg 1994.

Treitschke, Heinrich von: Ein Wort über unser Judenthum, Berlin 1880.

Weidermann, Volker: Träumer: Als die Dichter die Macht übernahmen, Köln 2017.

Abbildungsverzeichnis

S. 11, 17, 37, 46, 48
Urheber unbekannt

S. 49
Richard Huber, „Kurt Eisner, Bodendenkmal München“, CC BY-SA 3.0, https://commons.wikimedia.org/wiki/File:Kurt_Eisner,_Bodendenkmal_München.jpg

S. 53
Richard Huber, „Kurt Eisner Stele in der Mathäser-Einkaufspassage in München“, CC BY-SA 3.0, https://commons.wikimedia.org/wiki/File:Kurt_Eisner_Stele_in_der_Mathäser-Einkaufspassage_in_München.JPG

Über den Autor

Frank Jacob
geboren 1984 in Schmalkalden, Thüringen, ist Professor für Globalgeschichte des 19. und 20. Jahrhunderts an der Nord Universitet, Norwegen. Zu seinen Forschungsschwerpunkten zählen unter anderem die vergleichende Revolutionsgeschichte sowie die Geschichte des Anarchismus. Er ist Autor und Herausgeber von mehr als 70 Büchern.

Jüdische Miniaturen
Bd. 269

Frank Jacob
Emma Goldman
Ein Leben für die Freiheit
74 Seiten, 19 Abbildungen
ISBN 978-3-95565-442-9, € 8,90

Jüdische Miniaturen
Bd. 272

Frank Jacob
Rosa Luxemburg
Ein Leben für die Revolution
80 Seiten, 7 Abbildungen
ISBN 978-3-95565-453-5, € 8,90